Samaniego, Félix María de, 1745-1801
    Fábulas / Félix María Samaniego ; ilustraciones Javier
Fernando Porras ; selección y adaptación Martín Moreno
Angel. -- Edición Gabriel Silva Rincón. -- Santafé de Bogotá :
Panamericana Editorial, 1999.
    64 p. : il. ; 28 cm. -- (Letras pegadas)
    ISBN 958-30-0662-9
    1.   Fábulas españolas 2. Animales - Cuentos y leyendas
I. Porras, Javier Fernando, il. II. Moreno Angel, Martín III.
Silva Rincón, Gabriel, 1955-   , ed. IV. Tít. V. Serie
I861.44 cd 19 ed.
AGV9417

CEP-Biblioteca Luis-Angel Arango

Fábulas

Félix María Samaniego

Ilustraciones
Javier Fernando Porras

Editor
Panamericana Editorial Ltda.

Dirección editorial
Alberto Ramírez Santos

Edición
Gabriel Silva Rincón

Ilustraciones
Javier Fernando Porras

Diagramación
Logo Sapiens Ltda.

Diseño de carátula
Marca Registrada

Selección y adaptación
Martín Moreno Ángel

Primera edición, enero de 2000

© 2000 Panamericana Editorial Ltda.
Calle 12 No. 34 - 20 Tel.: 360 3077 - 277 0100
Fax: (57 1) 237 3805
E-mail: panaedit@andinet.com
www.panamericanaeditorial.com.co
Santafé de Bogotá, D. C. Colombia

ISBN de este volumen: 958-30-0662-9
ISBN de la colección: 958-30-0543-6

Todos los derechos reservados.
Prohibida su reproducción total o parcial
por cualquier medio sin permiso del Editor.

Impreso por Panamericana Formas e Impresos S. A.
Calle 65 N° 94 - 72 Tel.: 430 2110 - 430 0355
Fax: (571) 276 3008
Quien sólo actúa como impresor.

Impreso en Colombia   Printed in Colombia

Fábulas

La cigarra y la hormiga

Cantando la cigarra
pasó el verano entero,
sin hacer provisiones
allá para el invierno.

*Los fríos la obligaron
a guardar el silencio
y acogerse al abrigo
de su estrecho aposento.*

Y a la hormiga que habitaba
allí tabique en medio,
le dijo: "Doña Hormiga,
puesto que te sobran provisiones
préstame alguna cosa
con que viva yo este invierno,
que en primavera prometo
pagarte con ganancias".

*La codiciosa hormiga
respondió con denuedo
ocultando a la espalda
las llaves del granero:*

"¡Prestar lo que gano
con un trabajo inmenso!
¿Qué has hecho, acaso,
en el buen tiempo?"

"Yo —dijo la cigarra—
a todo pasajero
cantaba alegremente,
sin cesar ni un momento".

"¿Conque cantabas
cuando yo andaba al remo?
¡Pues ahora baila,
mientras yo como!"

Hay que ser previsivos y trabajar
para tener un futuro más cómodo.

La zorra y la cigüeña

Una zorra se empeña
en dar una comida a la cigüeña.
Acepta alegre, va con apetito,
pero encontró en la mesa solamente
gigote claro sobre chata fuente.

*En vano a la comida picoteaba,
pues era, para el guiso que miraba,
inútil tenedor su largo pico.*

La zorra con la lengua y el hocico limpió tan bien su fuente, que pudiera servir de limpiaplatos si así quisiera.

*Mas al poco tiempo, convidada
de la cigüeña, halla preparada
una redoma de gigote llena,
y allí fue su aflicción, allí su pena.*

*El hocico goloso al punto asoma
al cuello de la hidrópica redoma,
pero era tan estrecho
como si por la cigüeña fuese hecho.*

*Envidiosa de ver que la anfitriona
chupaba con el pico en la redoma;
huele, se desatina, en fin, se aburre;
y se marchó con el rabo entre las piernas.*

¡También hay para pícaros engaño!

El ratón de la corte y el del campo

Un ratón cortesano
convidó con un modo muy urbano
a un ratón campesino.

Diole gordo tocino,
queso fresco de Holanda,
y una despensa llena de vianda.

Estaba su alojamiento,
magníficamente preparado
para alojar a Roepán Primero.

Sus sentidos allí se recreaban;
las paredes y techos adornaban
mil ratonescas golosinas.

Saltaban de placer, ¡oh, qué embeleso!,
de pernil en pernil, de queso en queso,
por salchichones y cecinas.

En esta situación tan lisonjera
llega la despensera. alabar

Oyen el ruido, corren, se agazapan.
agacharse

Pierden el tino, mas al fin se escapan
puntería
atropelladamente

por cierto pasadizo abierto a diente.

"¡Esto tenemos, dijo el campesino;
reniego yo del queso, del tocino
y de quien busca gustos
entre los sobresaltos y los sustos!"

*Volvióse a su campiña en el instante,
y estimó mucho más de allí adelante,
sin zozobra, temor ni pesadumbres
su casita de tierra y sus legumbres.*

El asno y las ranas

Muy cargado de leña, un burro viejo,
triste armazón de huesos y pellejo,
pensativo, según lo cabizbajo,
caminaba, llevando con trabajo
su débil fuerza la pesada carga.

El paso tardo, la carrera larga,
todo al fin contra el mísero se empeña:
el camino, los años y la leña.

Entra en una laguna el desdichado;
queda profundamente empantanado.
Viéndose de aquel modo
cubierto de agua y lodo,
trocando lo sufrido en impaciente,
contra el destino dijo neciamente
expresiones ajenas de sus canas.

*Mas las vecinas ranas,
al oír sus lamentos y quejidos,
las unas se tapaban los oídos,
las otras, que prudentes le escuchaban,
reprendíanle así y aconsejaban:*

"¡Aprenda el mal jumento [asno-burro]
a tener sufrimiento,
que entre las que habitamos la laguna
ha de encontrar lección muy oportuna! [a tiempo]

Por Júpiter estamos condenadas *castigo*

a vivir sin remedio encenegadas *agua de lodo*

en agua detenida, lodo espeso,

sin esperanza de cruzar

el anchuroso mar profundo, *ancho*

ni de saber lo que pasa por el mundo.

*Mas llevamos a bien nuestro destino,
repartiendo entre todas cada día
la salud, el sustento y la alegría".*

Es de suma importancia

tener en los trabajos tolerancia,

pues la impaciencia en la contraria suerte

es un mal más amargo que la muerte.

El águila, la gata y la jabalina

Un águila anidó sobre una encina,
al pie criaba cierta jabalina,
y era un hueco del tronco corpulento,
de una gata y sus crías aposento.

Esta gran marrullera
sube al nido del águila altanera,
y con fingidas lágrimas le dice:

"Éste sí que es trabajo;

la vecina que habita el cuarto bajo,

el día pasa hozando los cimientos de la casa.

La arruinará; y en viendo la traidora

por tierra a nuestros hijos, los devora".

Después que dejó al águila asustada,
a la cueva se baja de callada,
y dice a la cerdosa:

"Buena amiga
has de saber que el águila enemiga,
cuando saques tus crías hacia el monte,
las ha de devorar; así disponte".

La gata, aparentando que temía,
se retiró a su cuarto, y no salía
sino de noche, que con maña astuta
abastecía su pequeña gruta.

La jabalina, con tan triste nueva,
no salió de su cueva.

El águila, en el ramaje temerosa
haciendo centinela, no reposa.

En fin a ambas familias el hambre mata,
y de ellas hizo víveres la gata.

Jóvenes, ojo alerta, gran cuidado;
que un chismoso en amigo disfrazado
con capa de amistad cubre sus trazas,
y así causan el mal sus añagazas.

El león y el ratón

Estaba un ratoncillo aprisionado
en las garras de un león; el desdichado
en tal ratonera no fue preso
por ladrón de tocino ni de queso.

Lo fue porque con otros molestaba
al león, que en su retiro descansaba.

Pide perdón, llorando su insolencia;
al oír implorar real clemencia,
responde el rey en majestuoso tono:
"Te perdono".

Poco después cazando el león tropieza
en una red oculta en la maleza;
quiere salir, mas queda prisionero;
atronando la selva ruge fiero.

*El libre ratoncillo, que lo siente,
corriendo llega: roe diligente
los nudos de la red de tal manera,
que al fin rompió los grillos de la fiera.*

*Conviene al poderoso
para los infelices ser piadoso;
tal vez se pueda ver necesitado
del auxilio de aquel más desdichado.*

El asno y el caballo

¡Ah! ¡quién fuese caballo!,
un asno melancólico se decía;
entonces sí que nadie me vería
flaco, triste y fatal como me hallo.

*Tal vez un caballero
me mantendría ocioso y bien comido,
dándose su merced por muy servido
con corvetas y saltos de carnero.*

Tal se juzgaba,
cuando al caballo ve cómo pasaba,
con su jinete y armas, a la guerra.

Entonces conoció su desatino,
riose de corvetas y regalos
y dijo:

"Que trabaje y lluevan palos;
no me saquen los dioses de pollino".

Se equivocan quienes creen siempre
que es mejor la suerte de los otros.

El zagal y las ovejas

Apacentando un joven su ganado,
gritó desde la cima de un collado;
"¡Auxilio!, que viene el lobo, labradores".

Éstos, abandonando sus labores,
acuden prontamente,
y hallan que es una chanza solamente.
Vuelve a clamar, y temen la desgracia;
segunda vez los burla. ¡Linda gracia!

Pero, ¿qué sucedió la vez tercera?
Que vino en realidad la hambrienta fiera;
entonces el zagal se desgañita,
y por más que patea, llora y grita
no se mueve la gente escarmentada,
y el lobo le devora la manada.

¡Cuántas veces resulta de un engaño,
contra el engañador el mayor daño!

La lechera

Llevaba en la cabeza
una lechera el cántaro al mercado
con aquella presteza,
aquel aire sencillo, aquel agrado
que va diciendo a todo el que lo advierte:
¡Yo sí que estoy contenta con mi suerte!

Porque no apetecía
más compañía que su pensamiento,
que alegre le ofrecía
inocentes ideas de contento.

Marchaba sola la feliz lechera,

y decía entre sí de esta manera:

"Esta leche, vendida,

en limpio me dará tanto dinero:

y con esta partida,

un canasto de huevos comprar quiero.

*Sacaré de ellos cien pollos, que al estío
me rodeen cantando el pío-pío.
Del importe logrado
de tanto pollo, mercaré un cochino.*

Con bellota, salvado,
berza y castaña, engordará sin tino;
tanto, que puede ser que yo consiga
el ver cómo se le arrastra la barriga.

*Llevarelo al mercado,

sacaré de él, sin duda, buen dinero;

compraré de contado

una robusta vaca y un ternero

que salte y corra toda la campaña,

desde el monte cercano a la cabaña".*

Con este pensamiento
enajenada, brinca de manera
que a su salto violento
el cántaro cayó. ¡Pobre lechera!

¡Adiós leche, adiós dinero,
huevos, pollos, lechón, vaca y ternero!

¡Oh loca fantasía!
¡Qué palacios fabricas en el viento!
Modera tu alegría,
no sea que saltando de contento
al contemplar dichosa tu mudanza,
quiebre tu cantarilla la esperanza.

*No seas ambiciosa
de mejor o más próspera fortuna,
que vivirás ansiosa
sin que pueda saciarte cosa alguna.*

---

*No anheles impaciente el fin futuro,
mira que ni el presente está seguro.*